Nomadaime

Du même auteur

POÉSIE

Musocoktail, Chicago, Tower Publications, 1966

Tremblé, Paris, Éditions Saint-Germain-des-Prés

Éclate module, Montréal, Éditions Cosmos, 1972

Vésuviade, Paris, Éditions Saint-Germain-des-Prés, 1976

Sans frontières / Without Boundaries, Saint-Louis (Missouri)
Éd. Francité, 1979

Haïtu-vois, suivi de *Antillades*, Montréal, Éd. Nouvelle-Optique, 1981

Vers et envers, Toronto, EWC Press, 1982

Tales of Heritage II, Toronto, University of Toronto Press, 1986

Echosmos, Toronto, Mosaic Press, 1986

Émergent les branches, Varna, Livre bibliophile, 1986

Poésies : anthologie personnelle, Sfax (Tunisie), Assoc. Tunisie-France, 1991

Arc-en-terre, Toronto, Albion Press, 1991

Émigressence, Ottawa, Éd. du Vermillon, 1994

ROMANS

L'Iconaison, Sherbrooke (Québec), Naaman, 1985

Bangkok Blues, Ottawa, Éd. du Vermillon, 1994

ESSAIS

Créaculture, I et II, Philadelphie, CCD / Montréal, Didier, 1971

*Structure intentionnelle du « Grand Meaulnes » :
vers le poème romancé*, Paris, Nizet, 1976

The Canadian Alternative (s. la dir. d'H. B.), Toronto, EWC Press, 1980

Robert Champigny, poète et philosophe (s. la dir. d'H. B.)
Genève, Slatkine / Paris, Champion, 1987

La Francophonie à l'estomac, Paris, Éd. Nouvelles du Sud, 1995

HÉDI BOURAOUI

Nomadaime

poèmes

ÉDITIONS DU GREF

COLLECTION ÉCRITS TORONTOIS

TORONTO 1995

Données de catalogage avant publication (Canada)

Bouraoui, Hédi, 1932-
  Nomadaime : poèmes

(Écrits torontois ; no 6)
ISBN 0-921916-52-3

  I.Titre. II. Collection.

PS8553.085N65 1995   C841'.54   C95-900898-5
PQ3919.2.B69N65 1995

Direction éditoriale : Alain Baudot.
Préparation de la copie : Christina Anderson et Heidi Kovacevic.
Graphisme : Nathalie Cusson.
Composition et mise en pages : Alain Baudot.
Impression et reliure : Images in Print, Toronto.

Tous droits réservés pour tous pays. Dépôt légal :
Bibliothèque nationale du Canada, 4ᵉ trimestre 1995.

© Éditions du Gref, octobre 1995
    Groupe de recherche en études francophones
    Centre universitaire Glendon
    Université York
    2275, avenue Bayview
    Toronto (Ontario
    Canada M4N 3M6

À mes neveux et à mes nièces.

Nomader sur l'arc-en-ciel des différences
Pour libérer l'amour
Dans les cœurs en attente...

I

Les mots investissent
les anémones

Dé-livre

J'enlise les mots de tout le monde
Dans les sables du désert
Pour que languissantes les roses dévoilent
Leurs visages d'amours limonés
S'écoulent les désirs dans des bambous
Flûtant mélodies multicolores...

S'envolent les étoiles ivres de rosée
Hibernant les cristaux que dentelle à mi-chemin
L'Écho-lecteur
Quand mon livre télévoyage
Dans les arcs-en-veines de l'anonyme

Quand le sang traverse la voûte des langues
Se mettent à perler des doigts sculpteurs
Des larmes d'onyx qui pacifient les monstres
Nous enchaînant aux miroirs et aux nuits

11

Reconnaissance

Trône sur un paravent
Mon masque de miel et de sang
Défigurée ma voix frémit dans les tiroirs
Investit des pensées en coupes verglacées
Mon encre sulfate les sables d'or
Analphabètes mes ancêtres ne croient plus
Au miracle de ma voix qui joue
À cache-cache pour capter l'É-crit
Orbitant le monde

Se labyrinthent mes feuilles chamarrées
Hors titre narguant la Présence
Engloutie
Lumière fugitive dans la mémoire
De mes pays voilés
Riant sur une plage quadrillée

Les enfants reconnaîtront
Leurs silhouettes Sortilèges profilés
Greffes à leurs flancs de cire
Quand fuse vers eux ma tendre parole

Sur l'ombre à cueillir le Verbe

Se glissent les ombres et se croisent
Leurs profils diaphanes inscrits
D'oripeaux déconcertants
Un soleil cristallin les constelle

Des mots prêts à éclore adressent
Aux images un salut évasif
Tressaille le silence et se gonflent les langues
Des paroles étoilées marquent le sommet
Désir au bord du précipice
Le plaisir chante l'offrande secrète

Inassouvies les ombres se dévorent
Prêtes à fondre leur chagrin
Les corps reprennent le chant
Qui brûle le cœur de la nuit
Les fruits du Verbe transi perchent comme
Des pigeons sur le toit d'une maison fragile

☙

L'arbre des mots

Mes livres pendentifs se plastiquent
Feuilles mortes
Sur l'arbre de la vie
Sous l'éclat néon ils renaissent
Rayons cuisants quêtant
Refuge
Dans la pensée d'Autrui
Mes branches de savoir poussent
Bras avides d'enlacer
De tendres chimères semant
Peut-être
Un grain de vérité
Impassible le tronc coincé
Entre plancher et plafond
Pend son ironie légère
Témoin des saisons qui passent
Se glanent mots et images
À tour de tête
Les yeux, comme des oiseaux moissonnent
Des caresses volubiles qui font
Rougir le jour

Réconciliable

Superposer des visages sur l'Inconnue
Rencontrée dans le couloir des livres
Espiègle je la poursuis dans le brasier
Où s'écarlate mon silence
Le vide se comble de rêve, et la langue
Desserre son étau dans la solitude nocturne
L'univers seul décharge sa chanson
Après l'échange volubile

Toi Absente libère les horizons
Toi Sourire allumé à la première vision
Je déshabille, savoure ta nudité
Étanche la peur
De confronter le blocus imaginaire
Ce rail bouclant l'infini, serpent lovant
La tête et la queue migratoires du fortuit

Quelle ruse faut-il retrouver
Dans la virginité défaillante de mes chevaux de foi
Où avant de réveiller le connaître, j'ai bâti
Toute une cabale où nous voguions insolents

15

Verbe réverbère

Mon soleil miroité réclame
Sa part de passion
Et le Paria insomniaque sombre
Foudroyé dans sa démesure

Semence indicible que j'invoque
Pour désabuser les sanglots

Nommer, non l'errance solaire
Pour trahir l'écho anachronique
Mais pour simuler l'écume
Annonçant l'Aurore

L'excès de rêve servira de relais
À l'oubli et
Le sourire se dessine sur mon corpoème

Accord

S'effrite ma langue pour faire surgir des statues
D'albâtre qui cherchent toute la vie leurs voix

Et lorsque idéales dans leurs contours elles
Se façonnent une voie, c'est déjà la mort

Entre temps, comme le joueur de sanza qui invente
Des solfèges dansant sur un air inconnu
J'aligne des mots dans l'interstice des ethnies
Pour conjurer les fausses notes à venir

Se balance le chameau

Mon chameau se balance
Ainsi naît la poésie
Agglutinée des Berbères
Me dit le grammairien sénégalais

L'orageuse et sensible mer
Méditerranée nous métisse
Plein chant polyphonique
Mes Africains l'ont propagé

Unis contre les blancs de la mémoire
Les poèmes, paroles plaisantes
Cultivant rythme et mélodie
Bercent une sainte victoire
Sur le désert des mots qui nous fuient

18

Encastré le poète

Emboîté mon portrait que cernent
Des miroirs obliques
Moi malrêveur de ses effrois
Me voilà répercuté
Revenant multiple iconoclastant
Des fantaisies
Qui ne m'appartiennent plus

Quand ma page noire s'irise d'un éclat
Ce flambeau inaugure le théâtre
Des transvivances
Aux quatre coins des continents
Oblitère Miroir oblitère...
Mimique d'appartenance, cette pure
Présence s'envole libre
Cygne de ma forêt-graphème
Mirage glorieux de Différence

Dépister

J'erre et me fixe parfois dans la pulpe du mot
Douillette nativité qui risque
De devenir armoire à souvenirs
Je la prends parfois
Vestibule d'un avenir

On me défend cet espace du non-dit
Le silence sépare les sillons

Renvoi au front de mon verbe
À l'écoute du ciel amputé
Isolés les doigts cassés errent à la recherche
D'une main qui fera éclore l'aurore

Mon errance célèbre ses noces dans l'action
À la fois feuille et papyrus, encre et sang, os et
                                                    [vocable
Suspendue aux virgules des partitions
Seul arrêt d'un parcours en compétition
Avec les étoiles

Je refuse de me retirer du livre
Même le septième jour
Pour être ce que je suis, ce que j'écris

♣

II

Autour des sources vives

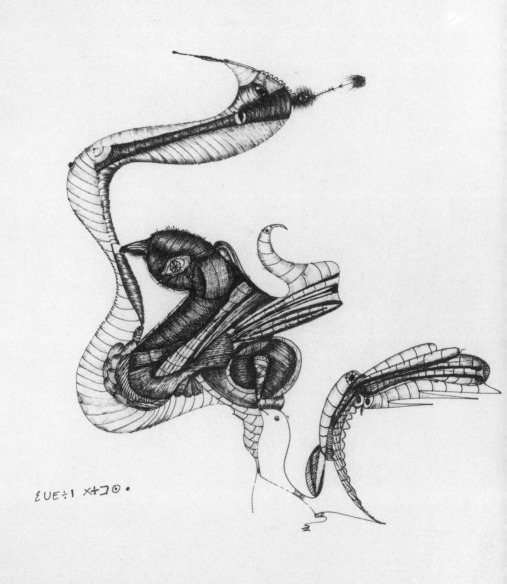

ƐUƐ÷1 X÷⊐⊙·

Exil

Voyage cristallin en haute mer
De la Toison d'or
Ulysse nouveau-né je prends le large
Dans la fragrance des échanges sans nom
J'habite l'aisance timorée du pays-cadence
Et le regret réveille le Cyclope
Qui creuse
Le superbe exil de l'exaltation

Traître le rêve me fait déraper
Sur les ruptures des mots grisés
Explorateur des Océans du Tendre
Je bâtis des univers où la chair
Craquelle les appels de l'impatient
Je mouille la soif du Velouté
Sur les coraux d'un poitrail inventé

Marée douteuse des intercessions
Vain le parcours ascendant de l'inusable
Nuit
L'énigme ne se débusque point
L'invite scintille dans la galaxie
De l'Imprévu

Entrelacé

Basané mon espace, je perds le sein
Qui me lie au nombril Nunavut [1]
Et garde la main alternant les damiers
Noirs et blancs qui déroutent

J'arbore l'imminence des jongleries
Mon parchemin forge
Au su de l'inconscient
La loi qui légitime
Les fronts ridés

Se ravive le masque mortuaire
Ma charroyante pensée
L'accord, sagesse auréolée
Paraphe les béances que je cultive
Ombres chinoises

Proie du roseau pensant aux
Hésitations qui dentellent

---

1. « Notre terre », en inuktituk.

Serpentine

Tu sais gravir allègrement
Les promontoires de ton moi
Sans l'impur Narcisse
Sans luttes meurtrières de l'emblème

La démente solitude te secoue
Séisme du soupçon
Toi, enfant du destin, tu creuses
Le chemin rectiligne
Des pans de vignes séduisent
L'iris complice
Sans répondre aux virements
Des vrilles
Des masques de l'Hyène ou du Renard
Marient la nuit au soleil
Ses rayons absents

Tu fuis l'éloge farouche, ce flux
Qui lisse les galets touffeurs
De sacrée renommée
Sans laurier ni médaille
Tu as su mesurer
Virevoltante comme la fauvette
L'énergie qui fait vaciller les cimetières

Lézarde l'inter-dit

Aveuglée tâtonnante ma vie du fin fond
Des nostalgies
Loge sa pulpe excédentaire
D'offrande et d'angoisse
Dans le paysage hostile et moelleux
Ému
D'un accueil frisonneux, Toi
Ma Mutante
Corps modulé dans le vent de l'infini
À mon insu perce glorieux l'interdit
Fleurissant jasmin de ma rumeur antique
Sur les paupières impossibles de nos présages

Enjambant ma nuit, ton rire dévêtu
Résonne l'accent grésillant
De mes peaux bigarrées, Toi
Ma nouvelle logeuse, ton chant
Plein de joies et de soifs papillonne
Dans le torrent inassouvi de mes ronces

S'ébrouant du vacarme nuiteux du jour
Mon souffle cambre son empreinte
Dans la citadelle soleilleuse de l'absence

Parfois le vol sublime d'un mot lézarde
Les regrets et les errances...

Fondu-enchaîné

Je brûle le temps, un pan de ma destinée
Se cendre
Je renais attente prête à cerner l'évasif
Du fendre-cœur
Danse où nous blottissons
Un doux regard dans
Le secret qui caresse le vague à l'âme
Tourbillon dans le cycle inépuisé
Des désirs et dans la cadence
Je nous retrouve passion fondue-enchaînée...

Je rêve à ton sourire lunaire
Fleurissant à l'estuaire des lèvres
Puis zigzaguant tonnerre-éclair
Béante mélodie sans viatique !

Dans le déficit des pourparlers
J'étreins une note englobante cymbale
La vacuité brumeuse son essor
Blanchit l'esprit de sa tempête de neige

Vigilance

Silence d'outre-tombe où les maux
Diaphragmés ne calment point la lancinante
Blancheur paginale
Marginalisée ma semence
Porte-à-joie l'agonie tortueuse
Des vents créateurs

L'esprit lucide suit la ville
Endormie les turbulences vociférées
Qui meublent d'icônes
Les nuits de ma vigilance

Entre le son étouffé qu'exacerbe l'impatience
Et le hurlement nocturne
Des rues caravanées d'orages
Ma plume bruine par à-coups
Des hantises extirpées à la souffrance

Abondance de rêves à jamais bannis
Dans un monde ne tolérant que l'euphonie
Gonflée par l'exagerato rentabile

28

Devine

Tu liras ta vie comme un jeu de tarot
Tu voudras prendre de l'avance sur ta destinée
Deviner l'avenir pour raccourcir
Le temps
Jouir du plaisir d'une vérité
Hypothétique subrepticement belle

Vite elle glisse sur ta langue
Tu crois la tenir
Dans les monuments de ta pensée
Vérité sans ambages qui défie
Peu à peu la mort

Téméraire ta claire figure passera
Le front crucial des douleurs...
Dans tes bouquets d'espoirs s'affinent
Des révoltes illusoires qui remplissent ta vie

Demain l'aube

Le soleil en feu prend l'horizon
En enfilade
Souverain d'un monde qui reviendra

Devant, les antennes-témoins nient
La chaleur mauve des champs de maïs

Derrière nous les phares-nostalgies suivent
Nos envolées dans l'arc-en-ciel de la mémoire

Le week-end fini enterre déjà
Le nouveau jour sépare l'ivraie
La graine nourrira l'espérance

Seule la terre de pleins pieds foulée
Répare les pertes de nos virginités
Nos corps gavés d'étreintes ressuscitent
L'énigmatique foi arrosera le jardin
Des prochaines rencontres

Livre

L'écrit n'a de soin
Que pour décanter l'aube
Porteuse de découvertes

Celles qu'on plante
Dans les regards sévères
Traquant la patience

Plaintives les attentes
S'allongent dans la blancheur
Nocive de l'être

Lointaine est l'émergence
Qui remue, fastueuse fourmi
Dans le creux de la nuit

Levain

Réveil abrupt par la volupté paisible
Ta voix
Surprise en point et contre-point tissant
L'impossible d'une entre vie-mort
Science et savoir ne peuvent trancher :
Opérer ou laisser proférer le cauchemar
Le cœur dans ce cas-là n'a aucune raison

Ballottés dans la douleur glaciale
Nous poursuivons, Statues de sel, les hantises
Quotidiennes dans la nature indifférente
Personne ne peut tuer le Virus insidieux

Seul mon regard incandescent veille
Sur ton ombre frêle et épuisée

J'avance et me moule dans ta résonance cotonneuse
Nimbe grisâtre qu'il faut démaquiller
Pour que notre ciel de bronze carillonne
Le timbre chaleureux des essaims de grillons

Manque

Jamais comblée malgré la patience
Des sources vives
Joie des grains de sable qui désorientent
Ton désert à la limite des piétinements

Quel Homme pourrait enlacer l'épouvantail
Martyre, toi ma sœur
Métèque de ce côté de l'étonnante lumière
Malaise salue le soleil levant

Angoisseuse sur commande partie
Quêter le chagrin qui tranche
Les bourgeons aux roses trémières

L'oasis enracinée dans ma chair
Ne cesse de les abreuver...

Le vent poèmé de mes caresses
Essaime à tout corps
Ivresse folie... et navire de rêves
Dans ton œil de Cyclope

Plus nous nous foulons de rire
Plus nous nomadons dans la douleur

♣

Résa Rémy
1974

III

Caravaniers de l'éphémère

Transformé

S'emplâtrent les branches de mon olivier
Transplanté, funambule de neige
Où banni le soleil a perdu ses épines

Se love mon corps dans la fonte
Le succédané ne délira jamais les jambes
Seule la fourche transgresse les chants

Les oiseaux viennent de boussoler leurs plumes

Roulis

Le souvenir devenu galère et moi encore
Roule torrent de mots gaulés
Maison décharnée prise au piège
Flot graviers irrespirables ces bouches nuitées

Solitaire, dans le fleuve morcelé, j'amarre
Le silence au sein source intarissable
Tremble ma raison suspendue décante
La pointe du jour rumine l'éclair des salves

Tresse

Pierre à sculpter les paupières errantes
Montagne à tisser les épis en prière
Le subjugué poursuit le voyage insufflé
Les livres secrètent une pure médiation

Quand le Tout dessine dans les regards du dedans
Qui gravent l'histoire sur les rochers audacieux
Du lampion Saladin
Se ravive sans but la passion convulsée
Seule à faire chavirer les passeurs d'anecdotes

Ainsi le souffle matinal se déploie
En bouquets d'œillets mélodieux
Carillonnant les tresses du colimaçon

♣

Pillage sans merci

Pirate de mes airs
Ta gorge ne pourra jamais
Vocaliser la vision
Mes ancêtres veillent encore
Sur ma chanson

Pirate de mes mots
Ta bouche ne pourra jamais
Harmoniser les pieds
Tes épouvantails révéleront
Toujours la trahison

Et les Berbères gardent encore
Le secret des diapasons

♣

Tour de Babel

Tour de Babel illuminée
Baillent les projecteurs applaudis
Dissoutes les gorges cascadent
Poèmes bariolés de peur
L'étrange s'incruste dans l'oubli
Ainsi la vie se poursuit dans les injonctions
Attendues passionnément comme l'oracle
Qui défend à la mort de surgir du néant

♣

Culbute

Peur de perdre l'oiseau
Elliptiquement migrateur
Pour se poser en paix sur les serrures

Oser lever l'arme
L'abattre de tirs angoissés
Oripeaux épars aux gains douteux

Pauvres les mots ne consolent plus
Lassitude s'installe dans l'inaudible

De nouveau, l'euphorie prend son essor
Précaire obéit à l'air
Déserter c'est culbuter les cimes

Mon « Tu »

Mon « Je » peut dire ton « Tu »
Ton « Tu » peut dire mon « Je »
Quand « Ils » se taisent au
Participe présent et non
Au passé simple

Ni jeu... Ni enjeu... Mais
Jour nouveau... Aube des
Différences qui éclairent nos
Transparences communes :
Rosée précaire sur l'herbe indocile
Un jour d'été

Avionomade

D'avion en avion, je détraque
Le temps
Le temps frime mon corps
Se fragmente.

J'avale Infini l'espace
N'effraie plus
Il fédère.

Je quête contact
Ambigu se calque
Hypoténuse en révolte
Ma logorrhée, ma crise
Décide le progrès
D'un monde axiomatisé.

44

Jet lag

Décollage des habitudes... une disjonction
Cycle girouettant ma chimie

Mon corps se cuirasse puis se soumet
Au possible, une stratégie

Se détourne l'impensable
Le pensé passe par le senti

Glissière
Convoquant le justifiable

Claire

De ma faille je n'éclate point
Rectiligne
Tel masculin orgasme
Mais méandre
Ondulant ses clapotis poussifs
Telle féminine étendue

Ainsi croisés
Les désirs se marient et glosent
Miracle bourgeon de vie tatouée
Nos traces indélébiles

Diasporaisent des voix étranges

IV

Migration noétique

Guide

Guide enfant en-têté de la conscience
Fait galoper Pégase furieux sur l'éphémère
Savoir luxuriant que le scarabée retrace en vain

Les ancêtres ces Marrons de l'oubli
Dans les nuages de nos crânes étoilent l'outre-mer
À partager en inverses images
Que les ténèbres tentent de ressusciter

Ainsi se globalise le corps-village aujourd'hui
À chaque heure le tranchant rocher Sisyphe
Drapeaute son défi en manèges naissants

Parcours

Exode, errance du Parthénon
La ligne droite se fait
Bannir

S'affirment fougères de solitude

Et que doit
    La pierre à la sueur
    Le vin à l'angoisse
    Les larmes aux regrets ?

Patience s'éclipse
Aux portes de l'accueillante
Promesse

Se coiffe velouté
Dans le confiant des cortèges

Carde la foudre

Chutent Pomme et Triton
Receleuse des secrets
L'Ambiguïté foudroie
Zeus et Poséidon

Seul
S'équilibre le corps sur
Le talon
Des âges antiques, helléniques...

Mais où est l'Africain
Des origines ?

Périclitées les légendes
Ne vérifient plus
L'histoire vécue

Quand la foudre carde
Son temps d'obole

Entre roc et gouffre

Suspendu entre tiers et quart monde
Me ternit Inflation
Aux ressacs avortés de mes phrases

S'entremêlent les algues désespoirs
Sur les houles insoumises
Poème barque sur les vagues des paris

Sourcille le temps et récession est pouvoir
Orgueil offert en sacrifice
Éblouit le rêve du matin feutré

Ces écrans des échanges à la baie
Virginité reconquiert son point de mire

Disert

Prurit de mots
Ces résidus de langue
Grattent l'alphabet des voyages
Nos aspirations

Le sable sous les pieds
Consonne parfois l'assentiment
Et quand le pas à la parole
S'allie
Le jeu aux dés harcèle
Les écailles qui chantent liberté

Ne survit que le varech action
Nourricière sein de mer
Quand l'ambition s'abolit
Et le secret se claironne

Volant

Parler l'insaisissable
Oraison sur la triste humeur
Colorée à l'empreinte du nomade

Toi mouett'amante de l'eau
Féconde les survols d'horizons

Reste le regard de soi
Qui fend les nuages
Tes ailes néantifient et
Te charrient fulgurance du vent
Pierre angulaire des partances

Ruisselés

Un mot court le monde
Fissure la loi
Ainsi se crée le droit

Refuse héritage et capital
S'enjambent les tabous aux
Passages cloutés de l'insolence

Diluvienne pluie que les nuages
N'ont jamais libérée
Sauf mes larmes de désirs
Qui renouvellent leur foi

Contre-nature

Seuls les poissons défunts nagent
Avec le courant
Dit le proverbe hébreu

Moi, saumon vivant je remonte
À contre-courant ma vie

Me fracasse la tête souvent
Mais glane dans la moirure
Graines de tolérance et d'envie

Ainsi s'écoule

Qui peut prédire quand le silence
Peut dire son dire ?
Et la blessure pleurer sa plaie
Quand le rituel en conflit peut
Chanter sa peau neuve
Sans l'accord des lumières ?

Entre deux gouffres la vie forge
Son souffle
Cendre ses mots à pétrir la mère
Pour que s'étiole la ronde des étoiles

Ainsi s'écoulent les yeux dans les yeux
Et la route est perdue

L'écrit

L'écrit nomade vers lui-même
Déblayées les scories

Surgissent de leur sol
Les tablettes d'argile
Que pluie et mains façonnent

Se met à danser
Salomé
Devant les masques de Cythère

Judas trahit Jésus
Pour que l'écrit s'assigne
Le rôle du hérisson

V

Transhume la pensée diserte

Epr. d'artiste   Anne Pfau

Amical

Finis les sauts du Kangourou
Dissous le vertige des Derviches
Éperdus, on cherche tous
De furieux printemps pour
Lustrer les flottants crépuscules

Le météore verticalisant chasse
Le fantastique
Le rêve plombe par miracle
Le gouffre des dissidences

Se charrient les baisers sur des ondes frêles
Aux yeux ahuris
L'actuel sonde ces flambées de malentendus
Entends les paradoxes cueillir par surprise
L'étoile du berger à l'équinoxe des trêves

Détour du Même

Les mots détournés par légitime rivage
Consolident les frontières de l'égarement
La déroute de l'Autre sur un moi convulsif
S'assassinent dérision et mystère
Glissent entre deux les digressions du dire
Cette remise en question décousue déjà
Inscrite dans le texte cloué Jésus

Parcours nocturne où nous sommes chassés
À coups de refus taxés d'idéalistes
La ville frileuse enroule nos mots
Soudain une bombe éclate au quartier
De notre bourgeoisie qui lagune mansuétude

Demi-tour dans les querelles intestines
Des cordes de pluie des éponges amidonnées
Impossible de nous quitter... Paix
Dans le doute : rêve d'identité

Ensemencé

Mis au ghetto mon verbe sauvage
S'ensemence de ses mutations
Et pousse Bourdon entre
Babel et Arche de Noé

Il ne ponce l'air d'aucun seuil
Même pas celui de son auteur

Et ne réintègre aucun continent
Puisqu'il s'interstice
Pont du croyant

Claustration

Souvent j'emporte le regard de l'incurable
Errance... fonde des royaumes sur l'enflure
De l'indicible qui bénit les horizons.
J'alterne damiers et souvenances
Scande surenchères de ténèbres-chapiteaux.

Et lorsque je retombe sur terre
J'ancre soupçons à la banquise du renouveau

Éclatante solitude où l'ombre joue avec
Ses connivences
Et l'essentiel s'effrite en nomadance

Labourant le ciel

Moutonne l'Ordre Nouveau sous le regard avide
Du soleil qui ravale le merveilleux
Nuage granuleux il désoriente d'ivresse

Le penseur renchérit sur sa pensée
Évidence vénéneuse d'un ciel couvert

Attache nulle envol et déboires font
Bon ménage
Somnambule le Saint-Laurent coupe la pomme
De l'impossible jalon

Natal

Je t'écris des versets de confidence
Lettres dépaysantes que tu ne liras jamais
Elles chantent en chœur la vie perfusée
Dans les ruptures de mes opacités

Dans le ciel brouillé poivré
Par ton absence
Tels étourneaux gazouillant les arbres
De ma ville à la tombée de la nuit
Tu ne connaîtras jamais la rayonnante sagacité
Que ton silence mordore à satiété

Marquée par la genèse du feu
Tu admires ces « envolées » qui incendient
Les ténèbres de ma Mer-espoir

Toi hasardée entre doute et envie

Tréfonds

Je tréfonds dans ta Byblos
Aux boulimiques eaux phéniciennes

Navigante calligraphie de nos corps

S'oblitère l'horizon du goéland
Tes seins îles de ma mémoire
Mesurent l'étendue de nos houles

Ces becs de mouettes couronnent
L'extase jubilante

Et jaillit l'ultime rêve de notre
Amour-Noé

Fabuleux délices des oriflammes
Incantations bafouant les règles

Tanguent les délires sésame ouvre
La géode du souffle et de la chair

Mû

Coulent larmes à t'aimer
Cet arc-en-terre de ton regard
Où je m'assource
Moi l'assoiffé des hautes lunes

Te voici éclose après l'orage
Et je m'hypnotise à
T'idylliser
Tendre senteur qui m'enivre
Moi le sobre des sentiers

Je me blottis dans tes astres
Et je retrouve cette jouissance
Indicible de l'enfant
Quel rêve de revivre la naissance
Dans l'éveil de ta peau :
Elle satine le désir du créant

Mes doigts cajoleurs magnifient la fête
Nos corps se diapasonnent
Fugue d'espérance
Dans l'éclair de l'imminent

Avides les langues célèbrent
Ce gouleyant du calme et volupté

* * *

Les sexes se racinent dans l'offrande
Illimitée du Même

Magma

Ouragan de l'espoir
Tu emportes les rives

Et assoiffée du fleuve
Tu lamines

La goutte nutritive

Cristal brisé
Dans l'estuaire des contre-temps

♣

GS93

Foi

En haut de l'escalier ton profil rayonne
Lune de siècle à venir
En mon pays la neige tourbillonne ses mots
Sur tes livres sagement alignés
À l'étagère des cliquetis
Notre mémoire perturbée exige la transparence
Ce tapis blanc de la neutralité qui se pagine
Un lambeau de vie le rature à satiété...

Aucune arrogance dans ma voix chantonnante
Mon âme répercute ton ivresse de vie
Égoutte le moindre tourment à l'alambic d'une
phrase
Rumeur de tourterelles dans ton ciel de printemps

Vivre la force du flocon dans ses coalitions
Hasard... Contradictions... Et Certitude...
Qu'une fille prend pour fleurs sèches
Posées sur l'armoire de l'horizon

À la lisière de ces excès je dévie l'hiver
Et sème dans tes yeux le fructidor du consentir...

♣

VI

De mirages en pâturages

Jean Townsend

Sérénité

Sereine dans ta peau mitoyenne
On t'a célébrée
Cime du mont Blanc

Tu tranches les têtes vociférantes
De l'Hydre où
Se chatoient nos rêves

Étincelants retours à la crypte
Fragiles attouchements

Ton glorieux regard accueille
L'impossible
Triomphe qui néoplasme
Les sillages ulyssés

Les rivages perdent leurs secrets
Plus d'orage dans l'œil du croyant

L'incohérence du jour protège alors
Mystère et arrimage
Cette splendeur royale du nomadaime
Sans vérité de Dieu

Quittance

Nuit violette de rancune ce refus
De crêter l'éclat de tes vagues
Où il faut spasmodire le masque
De haine scorpionant les visages

La dérision avouée se prend pour
Départ ruptures et remontrances...
Pour l'amour de toi ma guerroyante
Les désirs traversent seuls leur royaume

Retour à la case du conte où tes coulis
Baisers du temps dans le lit des vocations
Astrent l'harmonie himalayenne
Que tu panaches de ta folie faconde

À l'arrière volcan des privilèges
La Mystique invente des cocasseries

Surprise

Ta vulve hurle son désir prismé
Tels tendons du cou bombant leur violence

Mes doigts soleils rayonnent douceur angevine
Jusqu'aux confins de ton espoir pyramidal

Ton entre-deux-mers porte ma main nacelle de
                                        [secrets
Sur l'océan nourricier de l'abandon

Un pincement de lune attise ma flam'alliance
Éros se réjouit de la fournaise

Nos bouches à l'unisson modèlent les surprises

♣

À la rame

Je rame dans la mer ton sexe croissant de lune
Et ta langue, cataracte de miel
Surgeonne l'éphéméride des jouissances

Tu pénètres le ciel de ma bouche
L'arrondi de l'amour lisse les houles
Nos arcs-en-âmes perdent leurs frontières

La Joie assiste à sa naissance
Dans le quadruple silex des yeux en fête

Traverser

Tu goûtes bon le franchir du sexe
Cette Mort qui illumine et
Sème la vie dans nos corps en tremble

Que de caresses sacrées perdues
Sans les mains ignorantes
Quêtant l'Infini pour
Asservir parfois les tourments en fleurs

Tu goûtes manque dans le défi des nuits
Cette illusion du sens
Pourvoyeuse de promesse-amour en brande

Que d'étreintes incrédules lâchées
Par des paroles savantes
Retrouvailles de limites
Qui libèrent parfois les partages de Midi

Approuvés

Que de nouveaux trésors dans
Cette terre immensément terrée
La confiance confisquée par
Les ennemis d'hier et de demain

La sincérité a entamé la fouille
Cet impératif besoin d'être soi
Avec soi avec l'Autre
Dans la sérénité de l'amitié
Remodelée au bord de l'indicible

La tête haute nous cendrerons
Les plombs de la passion
Et le carnage des médisances
Dans la claironnante lumière
De l'approbation

Piège

La mise en scène de ton visage
Tue
Le fantasme de mon regard

J'abolis les étincelles du miroir
Cette blessure des lèvres
Ce faux-ciel des paupières

Je pars pervertir le naturel
Du sourire démaquillé
Sur les masques vénusiens

Ta mystérieuse émergence
Sur la houle de mes mots
Entre les éboulis de l'érogène

Accolade

Ton poème amour de ton amour
De l'arbre
Berçant les cernes du tronc
Quadruplé
Ce même se replie sur son écorce
Apte à pardonner les entailles
D'où saigne cette sève-poison
Indispensable aux désirs... à la vie

Tu as émondé les branches
Préparant automne et hiver
Au lieu de sarcler la terre blessée
Sillons d'entente au tournant
Des saisons

L'orage éclate dans tes mains
Retrouve ses pulsions fragiles
Tel oiseau de bonne augure
Célébrant la fin de l'outrage :
Ton Amant d'antan

Ainsi, tu retrouves en toi
Le fuyant équilibre
Pour l'accolade du printemps

Éclat

Ni prophète ni musicien, mais
Le soudain du silence qui nomade les mots
Ce non-dit du jouir séquestrant
Les loups des villes à l'aube du baobab

* * *

S'arche fraternel pour marier guerre et paix
La fleur de l'âge au repos sur un banc
Une page blanche destin à buissonner

* * *

Escargot dans la coquille du doute lancine
Les antennes tronquées... hiver des divergences
L'impossible du vivre au printemps des découvertes
Solfège autrement le corps se paysage
Dans l'accordance :
    Réveil fruité du dire-éclat

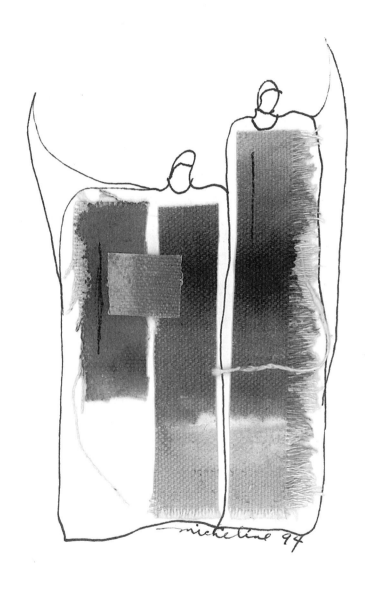

Nomadest

Cet arc-en-désert tend la main
Lève le doigt vers le ciel chauffé à blanc

Déposée l'arme pour signaler la victoire
Sur le doute des impressions injustes

Paix, dit l'Homme tire-bouchon faisant sauter
Le malentendu des impasses
Et ses prises de bec dans la noirceur de l'histoire

Ou est-ce le refrain du *Corbeau* d'Edgar Allan Poe ?
« *Never more...* Plus jamais »
Que les branches brisées encouragent par la voix
De sa philosophie compositionnelle !

Mais dans cette phréatique ambiguïté le Corbeau
A pour langue un croissant de lune
Seules les lèvres du sourire écoutent le calligraphe
Chinois subtilement audible dans ses transports de
[joie

Celle qui célèbre les retrouvailles des amants après la
[séparance

Ont-ils passé le Test de l'absence ?

89

Ce silence prégnant telle alchimie curieuse mutant
Le nid voluptueux de la mer arpège
Et le chaos luxuriant fondateur de notre complicité

Ce soir les corps s'accomplissent miracle d'éternité
Dans l'étreinte d'un seul instant qui cycle l'univers...

Table des illustrations

♣

Table des matières

III. CARAVANIERS DE L'ÉPHÉMÈRE

IV. MIGRATION NOÉTIQUE

V. TRANSHUME LA PENSÉE DISERTE

VI. DE MIRAGES EN PÂTURAGES

Éditions du Gref
Extrait du catalogue

Collection Écrits torontois
(prix de la revue *Applied Arts /
1995 Annual Awards*)

Paul Savoie, *Amour flou*, poèmes.

Roseann Runte, *Birmanie blues*, suivi de *Voyages à l'intérieur*, poèmes.
—Traduit en roumain par Dorin Ghişa sous le titre *Poeme* (Timişoara, Editura Hestia).

Mireille Desjarlais-Heynneman, *Le Bestiaire*, poèmes pour des tableaux de Mirča, illustrations originales de Mirča Delanoë.

Lélia Young, *Entre l'outil et la matière*, textes poétiques, illustrations de l'auteure.

Philippe Garigue, *De la condition humaine*, poèmes.

À PARAÎTRE

Des textes de Cécile Cloutier, Vittorio Frigerio, Pierre Léon, Dominique O'Neill, nathalie stephens, Mario Thériault.

Collection Quatre-Routes

Édouard Glissant, *Fastes*, poèmes.
Jean-Claude Masson, *Le Chantimane*, poèmes.
Jean-Yves Roy, *L'Initielle*, poème.

Collection Theoria

Jean-Marie Klinkenberg, *Le Sens rhétorique : essais de sémantique littéraire*. — En coédition avec les éditions Les Éperonniers (Bruxelles).

Greg Marc Nielsen, *Le Canada de Radio-Canada : sociologie critique et dialogisme culturel*.

Georges Mounin, *Travaux pratiques de sémiologie générale*, textes réunis et publiés par Alain Baudot et Claude Tatilon.

Sylvie Rosienski-Pellerin, *PERECgrinations ludiques : étude de quelques mécanismes du jeu dans l'œuvre romanesque de Georges Perec*.

Collection Traduire, Écrire, Lire (TEL)

Claude Tatilon, *Traduire : pour une pédagogie de la traduction*, préface de Georges Mounin. — Traduction arabe en préparation.

Betty Bednarski, *Autour de Ferron : littérature, traduction, altérité*, préface de Jean-Marcel Paquette. — Prix Gabrielle-Roy 1990. Prix de l'APFUCC (Association des professeurs de français des universités et collèges canadiens) 1991. Finaliste des prix littéraires du Gouverneur général (1991).

Christine Klein-Lataud, *Précis des figures de style*, préface d'Alain Baudot. — Prix de l'APFUCC 1992.

Cahiers de la collection TEL

Sylvie Dejy-Blakeley et Sylvie Rosienski-Pellerin, *Voyage au bout de l'écrit : de l'exploitation à la production de textes*, 2e édition revue, corrigée et augmentée (avec glossaire, index des notions et corrigés).

Françoise Mougeon, *Quel français parler ? Introduction au français parlé au Canada et en France*.

Collection L'un pour l'autre

Leonard Rosmarin, *Emmanuel Lévinas, humaniste de l'autre homme*.

Jacques Chevrier, *Williams Sassine, écrivain de la marginalité*.

Collection Dont actes

Jeanne Ogée (actes réunis par), *La Langue française face aux défis du monde présent : actes de la XIIe Biennale de la langue française* (Marrakech, 1987), av.-pr. d'Alain Guillermou. — En coédition avec l'Agence de coopération culturelle et technique (Paris).

Édouard Glissant, *Discours prononcé à l'occasion de la remise d'un doctorat honorifique par le Collège universitaire Glendon de l'Université York* (10 juin 1989), suivi d'une *Bibliographie des écrits d'Édouard Glissant* établie par Alain Baudot.

Vingt Ans de relations entre le Québec et l'Ontario (1969-1989), actes du colloque de Glendon réunis par Sylvie Arend et Gail Cuthbert Brandt.

Alfred Siefer-Gaillardin, *La France et la défense en Europe*. — Conférence John Holmes 1993.

Michel Dupuy, *Culture canadienne et Relations internationales—* Conférence John Holmes 1994.

La Nouvelle : écriture(s) et lecture(s), actes du colloque de Glendon réunis et présentés par Agnès Whitfield et Jacques Cotnam. — En coédition avec XYZ éditeur (Montréal).

Exilés, Marginaux et Parias dans les littératures francophones, textes réunis et publiés par Sandra Beckett, Leslie Boldt-Irons et Alain Baudot.

La Lettre au XVIIIe siècle et ses avatars, textes réunis et présentés par Georges Bérubé et Marie-France Silvert.

Collection Athéna

Philippe Garigue, *Questions de stratégie et de métastratégie.*
Jean-Jacques Van Vlasselaer, *Pour une pédagogie de la séduction.*

Collection Inventaire

Alain Baudot, *Bibliographie annotée d'Édouard Glissant*. — Prix de l'APFUCC 1994.

Collection Lieux dits

Léon-François Hoffmann, *Haïti : lettres et l'être*.

À PARAÎTRE

Jean-Louis Joubert, *En français dans les textes*.
Marc Quaghebeur, *Balises pour l'histoire de nos lettres*.
Alain Baudot, *La Littérature, entre autres*.

Catalogues d'art illustrés

Karen A. Finlay, *Daumier et « La Caricature »*, traduit de l'anglais par Alain Baudot et Claude Tatilon. — En coédition avec le Musée des beaux-arts de l'Ontario. Épuisé.

Dennis Reid, *Jungle canadienne : la période méconnue d'Arthur Lismer*, traduit de l'anglais par Alain Baudot et Claude Tatilon. — En coédition avec le Musée des beaux-arts de l'Ontario.

Kim Moodie. Of Unknown Origin: Drawings, 1984-1986 / D'origine inconnue : dessins (1984-1986), texte de Robert McKaskell, traduit par Philippe Bourdin.

Jerzy Kolacz. The Mind's Eye: Editorial Illustrations and Paintings (1978-1986) / L'œil pense : illustrations de presse et peintures (1978-1986), texte de John Silverstein, traduit par Alain Baudot et Claude Tatilon.

Another fiction : Recent Work by Janet Cardiff / D'une fiction à l'autre : œuvres récentes de Janet Cardiff, texte de Lyz Wylie, traduit par Alain Baudot et Claude Tatilon.

Rick/Simon. Printed Matter. Photo-Offset & Photo-Graphic Prints, 1968-1987 / Imprimés : Photos offset et photos graphiques (1968-1987), textes de Victor Coleman, Christopher Dewdney et Rick/Simon, traduit par Alain Baudot et Claude Tatilon. Épuisé.

Ron Sandor. "Twinkle, twinkle, little bat": The House Project, the Nursery / « Scintille, ô ma chauve souris » : projet de maison, chambre d'enfants, texte de Deirdre Hanna, traduit par Christine Klein-Lataud.

The Phase Show / En phase : Doug Back, Hu Hohn, Norman White, textes de Paul Petro *et al.*, traduit par Alain Baudot et Claude Tatilon.

Catherine Siddall, *The Prevailing Influence : Hart House and the Group of Seven, 1919-1953 / Influence majeure : Hart House et le Groupe des sept (1919-1953)*, traduit par Alain Baudot. — En coédition avec l'Université de Toronto et les Galeries d'art d'Oakville (Ontario).

Joyce Zemans, Elizabeth Burrel et Elizabeth Hunter, *New Perspectives on Canadian Art : Kathleen Munn and Edna Taçon / Nouveau Regard sur l'art canadien : Kathleen Munn et Edna Taçon*, traduit par Alain Baudot et Claude Tatilon. — En coédition avec la Galerie d'art de l'Université York.

Steven Heinemann. Objects of Sight / Objets à voir, texte d'Anne West, traduit par Alain Baudot. — En coédition avec le Centre culturel de Burlington (Ontario).

David Gowland, James Rodger et John A. Walter, *Guide « Impact » des chefs-d'œuvre de l'art*, adapté de l'anglais par Alain Baudot. — En coédition avec le ministère de l'Éducation de l'Ontario.

Individualités : 14 Contemporary Artists from France, introd. de Roald Nasgaard, traduit par Alain Baudot. — En coédition avec le Musée des beaux-arts de l'Ontario.

Tony Brown. Living in the Hot House, textes de Monika Gagnon (traduit de l'anglais par Alain Baudot) et de Jérôme Sans (traduit du français par Agnes Whitfield). — En coédition avec la Galerie d'art de l'Université York.

Hors collection

OFNI (Objet français non identifié), numéro unique (textes d'étudiants réunis par Alain Baudot).

Alain Baudot, Jean Napoléon Paradis et Claude Tatilon, *Dictionnaire officiel des mots de tête*. — En coédition avec les Jeux de société Aardvark, Calgary (Alberta).

Alain Baudot et Thérèse Lior, *Basic Rules for Typesetting in French: Where They Differ from Rules for English*. Épuisé ; 2ᵉ édition revue et augmentée en préparation.

Carla Baudot and David Morley, *Search Conference on the Education of Children and Youth Who Are Mentally Handicapped (Alliston, Ontario, January 10-12, 1985)*. — En coédition avec la Faculté des sciences de l'environnement, Université York, Toronto.

Alain Baudot, *Éducation des adultes et éducation permanente : analyse de la documentation récente en français (1982-1985)*. — En coédition avec le ministère des Collèges et Universités de l'Ontario et le Centre de recherche franco-ontarien.

Ronald Sabourin, *Les « Parlant français » à Toronto : rapport sur un sondage effectué dans le Grand Toronto (1983-1985)*. — En coédition avec le Centre francophone de Toronto.

Le Livre des Karaté Kids : ce qu'il faut savoir sur le SIDA, textes de Mark Connolly *et al.*, adaptés de l'anglais par Alain Baudot. — En coédition avec Street Kids International et l'Organisation mondiale de la santé.

Melvin Zimmerman, *« Visions du monde » : Baudelaire et Cⁱᵉ*. — En coédition avec les éditions Nizet (Paris).

Cet ouvrage, qui porte
le numéro six de la collection
« Écrits torontois », est publié
aux Éditions du Gref
à Toronto (Ontario), Canada.
Réalisé d'après les maquettes
de Nathalie Cusson et Alain Baudot
et composé en caractère Bauer Bodoni,
il a été tiré sur papier sans acide
et recyclé « Champion Benefit »,
et achevé d'imprimer
le mardi dix octobre
mil neuf cent quatre-vingt-quinze,
sur les presses de l'imprimerie
Images in Print à Toronto,
pour le compte
des Éditions du Gref.